AF339345

LETTRE

DES

COMMERÇANS ET FABRICANS

D'AMIENS,

À MM. les Colons Français,
Réunis à l'Hôtel de Massiac.

LETTRE

DES COMMERÇANS ET FABRICANS

D'AMIENS,

A MM. LES COLONS FRANCAIS,
réunis à l'Hôtel de Massiac.

Amiens, le 10 Décembre 1791.

MESSIEURS,

LE commerce de cette ville n'a pu apprendre les malheurs affreux que vous avez essuyés, sans éprouver à-la-fois et l'horreur la plus grande et la peine la plus vive. Les sentimens seuls de l'humanité auroient occasionné ces pénibles sensations, quand les fléaux dévastateurs qui vous ont persécutés auroient accablé nos ennemis les plus cruels ! et ce sont nos frères, nos parens, nos amis qui les éprouvent ! Que vous dire pour adoucir des peines aussi cruelles ?.... Nous le sentons bien ; c'est en vain que nous voudrions vous consoler. Porter au pied du

A 2

trône notre vœu est un devoir ; vous prier de présenter nôtre adressé au Roi , c'est vous prouver que vos malheurs nous occupent, et que nous y prenons le plus vif intérêt.

Nous présentons aussi une adresse au corps législatif pour prouver que le commerce de la France ne peut se soutenir sans celui des Colonies. Nous aurons rempli envers vous les devoirs de l'humanité, et envers la patrie les devoirs de citoyens.

Nous sommes bien sincèrement ,

MESSIEURS,

Vos très-humbles et très-obéissans serviteurs.

Signé Degand ; Lefèbvre-Bouchon ; Morgan-pere et fils ; Maret ; Etienne Joly ; de St.-Riquiest fils ; François Somont ; Lecaron ; Gensse Duminy ; Brandicourt ; Clément l'aîné et Compagnie , Bussillot , Bouchon fils ; Gilbert Poullain ; Aclocque-Roussel ; Godart freres ; B. Baptiste Durieux le jeune ; Morgan ; Lamy Tranel ; François Debray ; N^{as}. Daveluy ; N. J. Poujol ; Dargent ; Scellier l'aîné ; B^e. Bouchon ; Morand Boucher ; F. Boucher ; Jubainville ; J. B. Damiens ; Somont fils ; Mouillard ; de Valfreme ; Ch. Florimond; Leroux; Cordier et Dufraix; L. F. le Normant; Daire l'aîné; Langevin Dargent; Fouache ; Biberel-Laurent ; veuve Robert-Jourdain et fils; Naudé-Tattegrain; Jerome l'aîné ; Tondu pere ; Delaroche l'aîné fils; Delamorliere ; Tondu fils et Delarue; l'Obligeois; Guérard l'aîné ; Duquevre-Seguin ; Loyemant l'aîné; F. Laurent; Dufour-Martin; Duwavrent ; Biart ; Guidée; Hy-Laurent ; Lamare - Solmon ; Bazile Guénard ; J. B. Laurent pere et fils ; Henry Dufour pere ; Louis Sellier ; Grandin ; Aug. Dufour ; la dame et Bezançon pere et fils ; Aug. Desjardins ; Lefebvre-du-Four ; Félix Dumont; Dollin; J. Joiron-Laurent; Bulan; Dufour-du-Mont; Louis Leroy; Pellé ; J. B. Porion; J. Lucas ; le Gendre ; Dupontrué; Dessommes Boitel; Langevin freres ; P. Demailly; Beaucousin ; Jourdain Deléloge , F. Poiteaux fils; P. Gensse.

ADRESSE AU ROI,

Par les Commerçans et Fabricans D'Amiens.

S I R E,

L e récit des malheurs affreux qui ont accablé Saint-Domingue a vivement affecté Votre Majesté ; c'est avec regret que le commerce d'Amiens renouvelle vos peines en fixant de nouveau vos regards sur le sort de nos trop malheureux frères. Ils ont le plus pressant besoin de forces pour arrêter les ravages, de secours pour subsister, de consolations pour supporter leurs pertes, enfin d'encouragement pour les réparer. Le commerce, S i r e, est la force d'un État, lui seul nourrit la moitié de la nation ; les Colonies sont les sources intarissables de la prospérité publique ; si elles périssent, le même tombeau renfermera le tiers des habitans de notre malheureuse patrie. . . . Préservez la France ; Sire , d'un semblable malheur ; que nos vaisseaux partent , qu'ils volent , aux ordres de Votre Majesté , porter des secours et des consolations, s'il en est encore temps ; et que vos soins paternels sèchent les larmes des Colons Français. Envain cherche-t-on à les arrêter ; au comble du malheur, les habitans de Saint - Domingue sont restés fidelles à la métropole , quand ils ont tant de motifs de craindre que les coups qui leur ont été portés ne soient partis du sein de la mere patrie. De grands crimes sont commis, Sire ; comme chef suprême de la justice , le dépôt des lois est confié en vos mains pour assurer le bonheur des Français et faire trembler les coupables. Le sang de l'innocent est injustement versé ; qu'au nom de la loi il soit justement vengé , et que le châtiment des monstres qui ont pu machiner de semblables forfaits , effraie à jamais les races futures.

Signé Degand ; Bussillot ; Maret ; J. B. Durieux le jeune , et Morgan ; Guerard l'aîné ; Morand - Boucher ; Frenelet ; Godart freres ; Brandicourt ; F. Somont ; Lefevre-Bouchon ; Gensse Duminy ; Gilbert

Poullain ; N. Daveluy ; L'ami Tranel ; N. J. Poujol; Guidée ; Étienne Joly ; Scellier l'aîné ; de Saint-Riquier fils ; le Caron ; F. Boucher ; Lefebvre-Langlet ; Bouchon fils ; de Valfresne ; Mouillard ; François Debray; B^e. Bouchon; Somont fils; Aclocque Roussel; Jubainville ; J. B. Damiens ; C. Florimond le Roux fils ; Cordier et Dufraix ; L. F. le Normant; Langevin-d'Argent ; Daire l'aîné; Fouache ; Tondu pere ; Biberel-Laurent ; Clément l'aîné et Compagnie ; Jerôme l'aîné ; Delaroche l'aîné fils ; Tondu fils et Delarue ; Naudé - Tattegrain ; L'obligeois de la Morlière; Duquevre-Segun Duwavrent; F. Laurent ; Loyemant l'aîné; Biart ; veuve Robert Jourdain et fils ; Dufour - Martin ; la dame et Bezançon pere et fils ; Basile Guenard ; Hy Laurent ; J. B. Laurent pere et fils ; Grandin ; Henry Dufour pere ; Aug. Dufour ; J. Joiron Laurent ; Augustin De-jardin ; Dollin ; Felix Dumont ; Pellée ; Louis Leroy ; Jacques Lucas; J. B. Porion; Dufour-Dumont ; Morgan pere et fils , Du-pontrué ; Bulan ; Dessommes - Boitel ; Le-gendre ; Langevin freres ; P. de Mailly ; F. Pointeaux fils ; Beaucousin ; Jourdain Deléloge ; Pierre Gensse.

ADRESSE

A L'ASSEMBLÉE NATIONALE,

Par les Commerçans et Fabricans
D'Amiens.

Messieurs,

Les commerçans et fabricans de la ville d'Amiens viennent déposer, dans le sein des représentans de la nation, leurs alarmes, sur la suite des malheurs qui désolent la Colonie de St.-Domingue et sur le sort de leurs frères qui l'habitent.

La liberté des Nègres en Amérique, si vivement sollicitée par la société des amis des noirs, a soumis à l'opinion publique une question fort importante aujourd'hui pour la regarder avec indifférence. Cette question, si intimement liée aux intérêts de l'Europe commerçante, a divisé les sentimens, et a formé des partis. Aux yeux de la raison, l'expérience et la politique vouloient que l'on s'en tînt au régime ordinaire, en adoucissant encore, s'il étoit possible, le sort des Nègres.

Les prétendus philantropes, ne pouvant réussir à établir l'anarchie par l'affranchissement absolu des Noirs, se sont tournés vers les Mulâtres que le temps avoit naturellement amenés à tous les droits des autres citoyens ; ne peut-on pas soupçonner qu'il y ait eu des trâmes ourdies, des intrigues conduites avec art pour forcer l'assemblée constituante à rendre le décret du 15 mai. On est fondé à le croire, puisque cette même assemblée, mieux instruite, par un autre décret du 24 septembre a annullé celui du 15 mai; mais les dispositions de ce nouveau décret n'étoient pas encore connues, lorsque des troubles affreux, fomentés dans St.-Domingue, y ont porté le feu, le carnage et la mort.

Ces malheurs vous sont trop connus, Messieurs, pour essayer de vous en retracer la déchirante peinture. Déjà le mal se propage dans nos colonies voisines, et laisse entrevoir des suites terribles.

Tirons le rideau sur ces scènes d'horreur dont le récit vous a déjà fait frémir;

laissons les écrivains folliculaires , pour la plupart froids égoïstes, ou enthousiastes illuminés, raisonner à leur manière ; laissons-leur dire que la France n'a pas besoin de ses colonies pour être heureuse ; que la privation du sucre et du café, n'est un malheur que pour les gens riches qui en font usage. Ces moyens ne persuaderont pas le citoyen vertueux, et encore moins le négociant instruit ; appuyons-nous sur des faits, pour prouver que la France ne doit sa splendeur qu'à ses colonies, et que dans l'état actuel des puissances de l'Europe, la France ne peut se soutenir sans ses colonies.

Il seroit inutile, MESSIEURS, de fixer votre attention sur la nature du commerce de France ; mais il est peut-être nécessaire d'examiner quelle est la base de son commerce industriel, objet si important qu'il est le principe de notre immense population.

La plus grande partie de nos manufactures est alimentée par des matières premières importées du dehors et qu'il faut payer aux nations étrangères ; mais qu'avons-nous à leur fournir en compensation avec les productions de notre sol et les fruits de notre industrie? Avant l'etablissement de nos manufactures qui a si prodigieusement augmenté le nombre des consomma-teurs, il étoit de la politique d'exporter nos bleds; mais l'expérience démontre que cette exportation rencontre maintenant de grands obstacles. Il nous reste donc les vins, les eaux-de-vies, quelques fruits, peu de poisson salé, quelques bestiaux et du sel; nous avons encore à leur offrir des toiles, des étoffes de soie, de laine et de coton, des draps et des marchandises de modes.

Quoique ces diverses manufactures don-nent lieu à des exportations, dans l'étranger, ces exportations ne sont pas en état de com-penser l'achat des matières premières, drogues et teintures que nous sommes obligés d'en tirer. Il falloit d'autres richesses pour payer cet excédent et former une balance avantageuse à la France, les colonies nous les fournissoient.

La France recevoit annuellement de l'Amérique pour environ trois cent millions de denrées coloniales, dont la moitié passe à l'étranger, c'est avec ces valeurs que nous lui payons le prix des matières premières, aliment de nos manufactures et des autres objets, soit de luxe, soit de nécessité, et par ces mêmes valeurs, la France obtenoit une balance avantageuse de 40 à 50 millions de livres.

Que deviendroit cette balance ? que deviendroit le royaume, si nous perdions ces superbes propriétés ? si cette perte provenoit de notre faute, nous serions injustes vis-à-vis de nos frères qui habitent les colonies, et qui ont compté sur la protection de la métropole ; nous serions inhumains vis-à-vis cette foule de matelots et d'ouvriers de tous genres qui séjournent dans nos ports ; nous le serions vis-à-vis des manufacturiers de l'intérieur dont les bras sont occupés par les habitans des colonies, ou de ceux qui y ont rapport : quelle affreuse perspective !

Tandis qu'il en est encore tems, hâtez-vous, MESSIEURS, de déterminer la quantité de secours en hommes et en munitions que vous croirez nécessaires pour la défense de nos colonies ; empêchez la destruction de cette belle propriété ; il vous sera facile après l'avoir sauvée d'en prescrire le régime. *Au nom de la Patrie*, préservez la France de sa ruine totale ; sauvez nos frères d'Amérique du sort affreux dont ils sont menacés ; et comme représentans de la nation, songez que le salut du peuple est la suprême loi.

A PARIS, de l'Imprimerie des Affiches, Hôtel de la Correspondance, rue Neuve St.-Augustin.